R. FALCONNIER

DE LA COMÉDIE-FRANÇAISE

LES XXII LAMES HERMÉTIQUES

DU

TAROT
Divinatoire

Exactement reconstituées d'après les textes sacrés
et selon la tradition des Mages de l'ancienne Égypte

DESSINS DE Mᶜᵉ OTTO WEGENER

PARIS
LIBRAIRIE DE L'ART INDÉPENDANT
II, RUE DE LA CHAUSSÉE D'ANTIN, II

1896
Tous droits réservés

Les XXII Lames Hermétiques

DU

TAROT DIVINATOIRE

R. FALCONNIER

DE LA COMÉDIE-FRANÇAISE

LES XXII LAMES HERMÉTIQUES

DU

TAROT

Divinatoire

Exactement reconstituées d'après les textes sacrés
et selon la tradition des Mages de l'ancienne Égypte

DESSINS DE M^{ce} OTTO WEGENER

PARIS

LIBRAIRIE DE L'ART INDÉPENDANT

11, RUE DE LA CHAUSSÉE D'ANTIN, 11

—

1896

A LA MÉMOIRE

d'ALEXANDRE DUMAS FILS

A qui je dois mes premières notions
de Chiromancie astrologique.

R. F.

LETTRE-PRÉFACE

Cher Monsieur Falconnier,

Voici une demande qui m'a été faite plus de cent fois, indiquez-moi donc, Madame, un livre simple, clair et précis qui puisse m'expliquer ce que c'est que le Tarot, j'étais très perplexe car je n'en connaissais pas résumant ces qualités : On a beaucoup écrit sur le Tarot, mais aucun livre n'est aussi exact et aussi profond que le vôtre sur cette matière, il a fallu un chercheur, un convaincu et un érudit comme vous l'êtes en cette branche de l'occultisme pour refaire et ressusciter le Tarot antique, dans son absolue vérité.

Tout le monde, grâce à vous, pourra désormais comprendre, admirer et au besoin consulter ces arcanes mystérieux de la Haute-Science des Mages, car vos Tarots sont d'une lucidité psychique incomparable et leurs maximes si conso-lantes à tous égards, peuvent également servir à nous diriger dans telle ou telle voie favorable à notre réussite dans la bataille que nous livrons chaque jour à l'inconnu.

Tous mes compliments de sincère admiration pour le savoir et la persévérance que vous avez apportés dans vos recherches et croyez-moi bien, cher Monsieur, cordialement à vous.

A. DE THÈBES.

Les XXII Lames Hermétiques

DU

TAROT DIVINATOIRE

INTRODUCTION

> L'Astrologie est un traité de
> la Providence.
> ST JÉRÔME.

Le Tarot, du sanscrit TAR-O, *étoile fixe* (proba-
blement la polaire qui dans l'astrologie antique sym-
bolisait la tradition immuable) n'est autre chose que
la synthèse théosophique et symbolique du dogme primitif des Religions en même temps qu'une méthode
simplifiée d'Astrologie, retrouvées par le Mage Hermès (1) surnommé trismégiste qui était hiérophante
des Temples de Thèbes, 2000 ans avant J.-C, où il se
servait du Tarot comme instrument augural ; il était
alors gravé sur 22 lames d'or, qui portaient en plus

1. L'auteur de la *Table d'Emeraude* et du *Pymandre.*

I

des hiéroglyphes symboliques, les figures de l'alphabet
hiératique des Mages correspondant à un nombre
sacré (science magique des nombres) on y voyait
aussi les signes du Zodiaque et des sept Planètes, il
fut à peu près complètement détruit lors de l'inva-
sion des Perses, sous Cambyse ; il était également
reproduit en peintures murales sur les parois des cryp-
tes des grands Temples qui servaient aux initiations
des profanes qui venaient se faire recevoir au collège
des Mages, il était gardé par un prêtre appelé Pasto-
phore, qui en expliquait le sens symbolique seule-
ment, aux Néophytes ; les Clés divinatrices n'étaient
dévoilées qu'à ceux qui parvenaient aux plus hauts
grades du sacerdoce d'Isis et sous peine de mort
pour qui en révèlerait les mystérieux arcanes. (D'a-
près Hérodote), le principal sanctuaire initiatique
se trouvait près du lac Mœris et portait le nom de
Labyrinthe, il fut construit par les rois Memphites.
(Clément d'Alexandrie).

On retrouve de nos jours dans les textes des rituels
sacrés sur rouleaux de papyrus, au musée du Caire
(où j'ai fait faire les traductions) de même que l'on
voit encore en partie des figures du Tarot dans les
ruines des temples de Thèbes, notamment sur un pla-
fond astronomique d'une des salles hypostyles soutenue par 22 colonnes du Palais de Medinet-Abou
et dans un calendrier sacré qui se trouve sculpté sur
la paroi sud de ce monument construit sous Thot-
Môsis III, de la XVIIIe dynastie.

Dans les cérémonies du culte public on promenait processionnellement les figures du Tarot augural sous formes de statuettes à têtes d'animaux (1), car pour le vulgaire le symbolisme n'était pas le même que pour les Mages. C'est ainsi qu'Osiris : le soleil, était représenté avec une tête d'épervier et Isis, la divinité, par une statue voilée de noir, avec cette inscription : JE SUIS TOUT CE QUI A ÉTÉ, TOUT CE QUI EST ET TOUT CE QUI SERA ET NUL MORTEL N'A PU LEVER MON VOILE ! (d'après Jamblique, *de symbolis et mysticis ægyptiorum*), trad. : le grand Hiérophante faisait porter devant lui par des prêtres appelés Horoscophores les 42 livres sacrés, contenant les lois, l'histoire des rois, la théologie astro-mythique sacrée des Mages (d'où est tirée l'explication des Hiéroglyphes), d'après Manéthon, Origène et Chœremion. Pour le public, la religion des Mages était symbolisée par un œuf ; le jaune représentait le monde divin, le blanc le monde spirituel, la coque, le monde matériel et la forme elliptique donnait la théorie du système astronomique (Plutarque, *de Iside et Osiride*) car les Mages étaient aussi de savants astronomes et construisaient dans les cavernes de la grande pyramide de Kéops des sphères armillaires, des astrolabes et des plans

1. Ainsi présentées dans un ordre déterminé, les figures du Tarot servaient de Calendrier et indiquaient l'époque des Solstices et des Équinoxes ainsi que le lever des astres et les périodes de débordement du Nil et réglaient les travaux de l'agriculture. (Pline, l. j.)

d'orbites, dont se servit Ptolémée pour établir son
système qui est faux en astronomie mais vrai en astrologie (Porphyre, *De Antro Nympharum*) l'univers
était représenté par une étoile à cinq pointes, d'où
est venu le πεντε des Grecs, le Grand Tout, le Dieu
Pan, (d'après Apollonius de Tyane).

Les 22 lames disposées selon l'ordre de l'alphabet
numérique donnent la définition complète du Dogme
de la Haute Magie des anciens, lorsque l'on mélange
toutes les lames entre elles, leur signification individuelle se trouve modifiée par celles qui les entourent
et elles donnent alors une sentence sacerdotale et
philosophique, ainsi qu'une réponse bonne ou mauvaise selon la concordance des lettres et des nombres, à toutes les questions que puisse poser un cerveau
humain (1). C'est en résumé une table de Pythagore
psychologique étonnante, mais dont ne peuvent se servir utilement que les initiés en possédant les clés hermétiques et les intuitifs pouvant lire dans l'astral (2),
car les oracles sont toujours rendus dans un sens éso-
térique. Les transpositions de ces 22 lames dépassent
plusieurs millions et les pronostics se réalisent, d'a-
près mes expériences personnelles, dans une propor-
tion de 30 à 40 o/o, si l'on a soin d'ériger le thème
généthliaque du consultant d'après : 1° le système

(1) ...

(2) C'est en interprétant le Tarot que Cazotte prédit les
principaux évènements de la Révolution française. ...

(2) C'est également une sorte de Miroir magique à visions
multipliées.

astrologique des correspondances planétaires ; 2° la théorie des nombres et le calcul des probabilités ; 3° les coordonnées chiromantiques ; le Tarot se trouvant tout entier inscrit dans la main humaine (1).

Cette méthode constitue l'astrologie mathématique, qui était pratiquée par les Mages de l'ancienne Thèbes et qu'il ne faut pas confondre avec l'astrologie judiciaire qui date du moyen-âge (2). Les Chaldéens, (d'après Diodore de Sicile), ont donné leur alphabet aux Mages égyptiens qui ont également emprunté aux Zend-Avesta des Perses, les signes du zodiaque de Zoroastre et aux Assyriens ceux des sept planètes astrologiques. On trouve dans la théologie Indoue parmi les Védas deux figures allégoriques intitulées : Ot-tara (Grande Ourse) et Adda-Nari (la Nature), qui rappellent celles du Tarot et qui ne laissent aucun doute sur son origine indo-tartare. Peut-être même pour en retrouver la véritable source originelle faudrait-il remonter jusqu'au cycle synnarchique de Ram symbolisé par le Bélier du Zodiaque, qui eut pour sectateurs, en Chine : Fo-Hi, dans l'Inde : Christna, en Perse : Ormuz, en Egypte : Thot ; Orphaskad en Chaldée ; Enoch, chez les Hébreux ; Hésus, chez les

1. Comme l'a fort bien expliqué M. Decrespe dans son ouvrage sur la main.
2. Le Tarot n'était consulté que pour les affaires de l'État et par les Pharaons seuls, soumis à la puissance religieuse des Mages, qui étaient les véritables maîtres de l'Egypte ancienne comme les F∴-M∴ le sont aujourd'hui de la France moderne.

Celtes nos ancêtres et dont le pouvoir spirituel s'étendait jusqu'au pays disparu des Atlantes. Qui sait si un jour on ne retrouvera pas chez les Lamas du Thibet ou les Bonzes de Mandchourie les anciens textes de cette antique théogonie. Le Tarot serait venu en Egypte, en passant par la Perse, la Chaldée et l'Assyrie. On retrouve le Tarot dans la Kabbale Juive (1) par une traduction attribuée à Enoch et aussi dans les Téraphims du tabernacle de Moïse qui fut instruit par les Mages d'Egypte, puis il passa chez les Grecs, il leur fut apporté, par Cadmus ; Platon et d'autres philosophes Grecs qui avaient étudié en Egypte les mystères magiques en font foi (le jeu de l'Oie, est dérivé du Tarot grec, comme les Echecs qui nous viennent des Perses doivent dériver du Tarot hindou). Le peuple romain devait l'ignorer car Cicéron n'en parle pas dans son discours sur l'art divinatoire et pourtant Hermès avait sa statue dans les temples sous le nom de Mercure et l'on célébrait à Pompeï le culte des mystères isiaques (2).

On retrouve une figure du Tarot dans l'Apocalypse (3) de l'évangéliste Jean à Pathmos et Saint-Augustin y fait allusion dans une lettre à sa mère. Au xi° siècle, le pape Grégoire VII fit faire une traduction du Tarot

1. Le *Zohar*, le *Sepher Béreschit*, le *Sepher Jesirah*, en sont des commentaires et son nom Rabbinique est en hébreu : *Tera* (livre sacré).

2. A moins que les livres Sybillins n'en aient été une copie.

3. Qui a beaucoup de similitude avec l'*Asclepios* d'Hermès.

d'après les tablettes d'Enoch. Cent ans plus tard on
reconnaît une figure du Tarot dans le Baphomet des
Templiers qui furent brûlés comme hérétiques, sous
Philippe le Bel, puis au xvıᵉ siècle, Guillaume Postel retrouve dans ses voyages en Orient les véritables
clés du Tarot hermétique(1) et le savant jésuite alle-
mand Kircher (1680) en fait une reconstitution à peu
près exacte, à la même époque Ruggieri, ancien prêtre Italien, devenu astrologue de Catherine de Médi-
cis, en refait un jeu pour cette reine; dès lors on ne
retrouve plus le Tarot qu'aux mains des bohémiens
qui y ajoutent cinquante-six cartes nouvelles (2),
au siècle dernier Cagliostro adapte au Tarot les
chiffres arabes. Sous Charles VI, le Tarot était déjà
apparu en France, mais complètement défiguré et
transformé en cartes à jouer pour distraire la folie de
ce prince (Voir, Henri Martin), le jeu des Vertus, in-
venté par le moine Alcuin, pour les seigneurs de la
Cour de Charlemagne, n'est qu'une transcription
chrétienne du Tarot, C. de Gébelin, Albert le Grand,
Agrippa et Paracelse (3) se sont aussi occupés de la
réfection du Tarot, sans y donner suite. Au siècle
dernier Alliette dit Eteilla en fit une traduction fan-

1. Le Tarot de Byzance, devenu par corruption Tarot de
Besançon.
2. Dites Arcanes mineurs, qui ne sont que la reproduc-
tion du jeu des Bâtons d'Alpha.
3. Les figures allégoriques de Nicolas Flamel n'ont aucun
rapport avec le Tarot, pas plus que les *Clavicules de Salo-
mon.*

taisiste reproduite de nos jours, par Lismon, sous le titre de « livre de Thot » et dont se servent la plupart des Cartomanciennes modernes.

Le Tarot édité à Marseille en 1760 par Conver est celui qui se rapproche le plus du type traditionnel.

Enfin de nos jours, Eliphas Lévi a reproduit et complété le tarot de Guillaume Postel et dernièrement en 1889 Stanislas de Guaïta et Wirth en ont donné une édition kabbalistique exacte, et Papus a écrit sur ce sujet un important ouvrage. J'ai donc essayé, quant à moi, de reconstituer le Tarot primitif d'Hermès, au point de vue expérimental et archaïque autant que me l'ont permis mes recherches personnelles dans les textes anciens, les documents archéologiques pris sur place et traduits par un Egyptologue de mes amis, et grâce au talent de M. Maurice Wegener, qui a dessiné les lames d'après mes indications.

Après deux années de labeur, ce travail est enfin terminé et je le présente au Public adepte de l'Occulte qui s'étonnera peut-être qu'un comédien se livre à des études si abstraites, mais le Théâtre n'est-il pas aussi un Tarot moderne, qui fait revivre le passé et prédit souvent l'évolution à venir de l'esprit humain.

---

1. Mlle Lenormand a fait pour son usage un jeu de Tarot qui porte son nom mais sans valeur symbolique.

EXPLICATION DES

Hyéroglyphes Symboliques

DU

TAROT DIVINATOIRE

AVEC LA CONCORDANCE DES LETTRES ET DES NOMBRES.
LES SENTENCES SACERDOTALES DES MAGES, POUR
CHACUNE DES LAMES, AVEC LES SIGNES DU ZODIA-
QUE ET DES SEPT PLANÈTES (1).

Il est de toute vérité que l'initié tuera l'initiateur.

HERMÈS.

En vérité je vous le dis l'un d'entre vous me trahira.

JÉSUS.

1. L'Astrologie moderne compte trois types planétaires nouveaux : le Neptunien et l'Uranien dont j'ai établi la correspondance et le Terrien, ce dernier type dû à M. Ledos, astrologue éminent de notre époque.

C'est par l'Astrologie que Swift, l'auteur du *Gulliver* a prédit, il y a 150 ans, l'existence des satellites de Mars qu'on vient d'apercevoir au télescope Le Verrier découvrant la planète Neptune, par le calcul des probabilités de pertur-bation, a fait de l'Astrologie Mathématique comme Kepler faisait de la Méta-Astronomie, car il a laissé les lois Cos-mogoniques et des Horoscopes.

NOTE. — On retrouve la concordance des signes
du zodiaque, dans les douze tribus d'Israël, les
douze Apôtres chrétiens, de même que celle des
planètes, dans les sept lumières du chandelier de
Moïse, les sept sacrements de l'Eglise, les sept
cercles du Koran, etc... (VOLNEY).

Symbolisme hiéroglyphique.

L E Mage est debout, dans l'attitude de la volonté prête à agir, vêtu de blanc, signe de pureté, couronné d'un cercle d'or, signe de la lumière éternelle, il tient dans la main droite un sceptre, surmonté d'un cercle, emblème de l'intelligence fécondante, il l'élève vers le ciel pour indiquer son aspiration à la sagesse, à la science et à la force morale, la main gauche est étendue vers la terre, pour indiquer qu'il veut dominer la matière; devant lui, sur un cube, image du solide parfait, se trouve une coupe, pleine des passions humaines, un glaive, arme des braves qui combattent l'erreur, un sicle d'or, symbole de la récompense acquise par le travail volontaire, il a pour

ceinture un serpent se mordant la queue,
qui symbolise l'Eternité. L'ibis sur le cube
est l'emblême de la Vigilance.

Nombre 1 signifie l'unité Divine qui
se retrouve au total quand on la multiplie
par elle-même, il est la synthèse des nombres.

SENTENCES SACERDOTALES : La volonté humaine est le reflet de la puissance Divine,
vouloir c'est créer. La lutte morale est la
loi de l'esprit humain ; combattre pour la
lumière c'est conquérir l'absolu et rien ne
résiste à l'homme, lorsqu'il sait le vrai, et
veut le juste. *La comète signifie que le vrai
Mage est l'envoyé de Dieu.*

Symbolisme hiéroglyphique.

LA science occulte entre deux colonnes du temple qui représentent le Bien et le Mal, elle est couronnée du croissant lunaire et a la face voilée, ce qui signifie que la vérité n'est pas visible pour le Profane, elle a sur la poitrine la Croix solaire emblème de la génération universelle et tient sur ses genoux un papyrus qu'elle couvre de son manteau pour indiquer que les mystères de la science sacrée ne se dévoilent qu'aux Initiés. La tiare qui la coiffe signifie la puissance de l'intelligence éclairée par la sagesse (croissant lunaire), elle est assise, ce qui veut dire que la science unie à la sagesse et à la volonté, est immuable.

Nombre 2 symbole de l'union de l'homme et de la femme et reflet de l'unité.

SENTENCES SACERDOTALES : Vouloir le possible c'est presque le créer, commande à la matière et elle t'obéira ; vouloir le mal et le faire est le suicide de l'âme ; vouloir le bien et le faire c'est se rendre immortel, car l'amour est plus fort que la haine et vaincra la mort.

Influx astral de la Lune.

LAME III   **(G = 3)**   LA NATURE

Symbolisme hiéroglyphique.

LA Nature est représentée par une femme
assise sur un cube couvert d'yeux,
emblème des visions d'Hermès ; ses pieds
reposent sur la lune emblème de la matière
soumise à l'esprit, elle est couronnée de
douze étoiles qui représentent le cours
de l'année, un soleil rayonnant lui sert
d'auréole et symbolise la puissance créa-
trice de l'intelligence ; elle tient d'une main
un sceptre surmonté d'un globe, emblème
de son action dominatrice sur le monde,
l'autre main supporte un aigle la tête
tournée vers elle, ce qui signifie le vol
et la puissance de l'âme humaine faisant
retour à son principe initial : Dieu.

Nombre 3, nombre de la trinité universelle : Divine, spirituelle et physique.

SENTENCES SACERDOTALES : Vouloir ce qui est juste c'est créer, vouloir le contraire c'est détruire, affirmer la vérité est le Devoir, la nier n'est que le Droit. La nature est une perpétuelle renaissance. La conscience est un miroir divin ; aimer et créer tout est là ; malheur aux peuples dont les amours sont infécondes.

Influx astral de Vénus.

LAME IV   (D = 4)   LE VAINQUEUR

Symbolisme hiéroglyphique.

Un homme coiffé d'un casque couronné, symbolise le pouvoir conquis,
le cube est l'emblème du travail accompli, il tient le sceptre des Mages emblème
de la puissance morale acquise par l'étude
sacrée, sa main gauche indique la matière
domptée, la colombe sur la poitrine sym-
bolyse l'innocence, les jambes croisées
signifient l'expansion de la puissance de
l'Esprit humain dans les trois mesures de
l'infini (hauteur, largeur, profondeur). Le
Chat sur le cube symbolise la pensée du
mage qui voit dans la nuit des temps.

Nombre 4, nombre de la force, l'unité
complétée par la trinité et donnant le
carré parfait (Affirmation, Négation, Dis-
cussion, Solution).

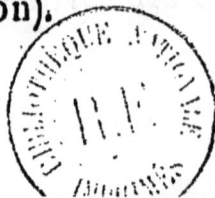

2

SENTENCES SACERDOTALES : Le Mage en possession de la science du bien et du mal ne doit se servir de celui-ci que pour édifier celui-là, car le mal n'est que l'ombre du bien, qui seul existe. L'innocence est l'inertie du bien. Souviens-toi que qui nuit à autrui fait du mal à soi-même.

Influx astral de Jupiter.

Symbolisme hiéroglyphique.

L E grand prêtre d'Isis est représenté assis entre les colonnes du Sanctuaire, une main sur la croix ansée symbolise la pénétration du génie créateur à travers les trois mondes (Divin, Intellectuel, et Physique), les deux colonnes signifient la loi, et la liberté d'obéir ou de désobéir, l'autre main, fait le signe du recueillement et du silence (savoir et se taire) à ses pieds deux hommes agenouillés personnifient le bien et le mal soumis au souverain maître des arcanes.

Nombre 5, le nombre de la foi et de la main humaine (les 5 doigts).

SENTENCES SACERDOTALES : La foi est la science du juste. La religion est le lien de

l'Etre absolu à l'être relatif et le rapport de
l'infini au fini, la liberté d'action est l'é-
preuve de l'homme devant Dieu ; ne jugez
du bonheur d'un homme qu'après sa mort.
Le beau est là splendeur du vrai.

Influx astral de Mars.
Cycle du Bélier.

Symbolisme hiéroglyphique.

LE Néophyte hésitant entre deux routes que lui montrent deux femmes qui symbolisent le Vice et la Vertu, dans l'espace un génie tenant un arc dirige sa flèche vers le vice, symbole du châtiment qui attend l'homme ayant préféré le chemin facile du vice à l'austère route de la vertu. Cet arcane résume la lutte de la conscience contre les passions humaines.

Nombre 6, nombre de l'initiation par l'épreuve de la science du Bien et du Mal, c'est l'équilibre entre le ciel et la terre, c'est le nombre parfait qui résulte de l'assemblage de ses parties, la répercussion du Ternaire.

Sentences sacerdotales : La volonté de l'homme juste est l'image de celle de Dieu, plus la volonté lutte, plus elle acquiert la puissance. Se vaincre soi-même est la suprême victoire. Le Droit équilibre le Devoir.

L'antagonisme des forces crée le mouvement qui est la vie universelle. Une chaîne de fleurs se brise plus difficilement qu'une chaîne de fer.

Influx astral de la Lune.
Cycle du Taureau.

M

Symbolisme hiéroglyphique.

Un guerrier monté sur un char cubique dont les quatre colonnes supportent un dais étoilé ; les colonnes symbolisent les quatre éléments, le char cubique signifie l'œuvre édifié par la volonté victorieuse des obstacles, le guerrier est couronné d'un cercle d'or image de la lumière éternelle ; il tient d'une main le glaive, signe de la victoire et de l'autre un sceptre surmonté d'un carré (La matière) d'un cercle (l'Eternité) et d'un triangle (la Divinité) il porte une cuirasse, emblème de la force, elle est ornée de trois équerres qui symbolisent le jugement, la volonté et l'action ; une sphère aux ailes éployées, sur le devant du char, indique l'exaltation de la puissance intellectuelle dans l'infini de l'espace et du temps. Deux sphinx attelés au char, sont au repos, l'un noir est le Mal, l'autre blanc est le Bien ; tous deux soumis au Mage qui est sorti victorieux des épreuves.

Nombre 7, nombre sacré de la magie, celui de toutes les Genèses.

SENTENCES SACERDOTALES : La lumière est l'Esprit de Dieu et la source de toute vie, les ténèbres sont l'esprit du mal et le germe de la mort; combats pour la lumière et tu triompheras des ténèbres qui sont l'erreur, le mal et la mort.

Influx astral du Soleil.

Cycle des Gémeaux.

Symbolisme hiéroglyphique.

Sur trois degrés qui figurent les trois mondes, une femme, le front ceint d'une couronne de fer, symbole de l'inflexibilité, est assise, elle a les yeux bandés, pour indiquer qu'elle ne tient pas compte des situations sociales des coupables, le Glaive d'une main et la Balance de l'autre elle juge et punit, le lion symbolise la force soumise à la justice et le sphinx l'œil de Dieu qui lit dans les âmes des méchants. La tortue ailée symbolise le repentir qui peut s'élever jusqu'au pardon malgré le poids du crime, un génie divin symbolise la justice de Dieu qui jugera la justice des Hommes.

Nombre 8, nombre de la justice et de

la réaction équilibrante, c'est l'harmonie dans l'analogie des contraires, le premier nombre qui se divise en nombres égaux, le nombre complet par lui-même.

SENTENCES SACERDOTALES : La volonté soumise à l'absurde est réprouvée de la raison, la volonté doit équilibrer les forces qu'elle met en jeu pour tempérer ou annuler la réaction des contraires. Les intelligences dont la volonté ne s'équilibre pas sont semblables à des astres avortés. Avant de juger ton frère, fais-toi juger par lui.

Influx astral de Vénus.

Cycle du Cancer.

Symbolisme hiéroglyphique.

UN vieillard symbole de la sagesse porte une lampe allumée qui représente l'intelligence, il la couvre de son manteau, ce qui signifie la discrétion. Il s'avance appuyé sur un bâton, symbole de la force acquise par l'expérience.

Nombre 9, nombre des synthèses, image réflexe des trois mondes ($3 \times 3 = 9$).

SENTENCES SACERDOTALES : La prudence est l'arme des sages ; ne montre pas la lumière aux aveugles ils ne la verraient pas. L'éducation de la volonté est la loi de la nature. Le Verbe peut tout, mais souviens-toi que si la parole est d'argent le silence est d'or, incline-toi devant le Pharaon, il

est la force, agenouille-toi devant l'Hiérophante il est la loi, redresse-toi devant la
Nature elle est ton droit. Adorez les enfants,
honorez les vieillards, ils sont l'Orient et
l'Occident de la vie.

Influx astral de Jupiter.
Cycle du Lion.

LE TAROT

))

LAME X   (I-J-Y = 10)   LE SPHINX

Symbolisme hiéroglyphique.

LA roue du destin sur son axe, d'un côté
monte le Dieu Kné-phtâ, génie du bien,
de l'autre Typhon, génie du mal, en est
précipité, un Sphi x ailé qui représente les
quatre forces de la volonté humaine (Savoir,
oser, agir, se taire) au sommet se tient un
sphinx en équilibre qui symbolise le pouvoir impénétrable de Dieu disposant des
destinées humaines suivant l'œuvre bonne
ou mauvaise de chacun, il tient dans ses
griffes un javelot emblème de la justice
suprême, au pied du support de l'axe deux
serpents symbolisent l'équilibre résultant
de l'antagonisme des forces contraires
égales entre elles.

Nombre 10, nombre universel et absolu, car il contient tous les autres, l'être et le non être (1. 0).

SENTENCES SACERDOTALES : Si la volonté est saine, l'esprit voit juste. Acceptez le mal relatif pour arriver au bien absolu, mais ne le veuillez pas et ne le faites jamais. Mourir pour le Mal et renaître pour le Bien telle est la loi.

Celui qui est en bas montera par la vertu, comme celui qui est en haut tombera par le vice.

Influx astral de Mercure.

Cycle de la Vierge.

Symbolisme hiéroglyphique.

UNE jeune fille ouvre et ferme sans effort
la gueule d'un lion, symbole de la
force en soi-même acquise par l'éducation
de la volonté et l'expérience de la vie.

SENTENCES SACERDOTALES : La peur n'est
qu'une paresse de la volonté, bravez le Lion
et le Lion vous craindra. L'erreur n'est qu'un
fantôme de la vérité et s'évanouit devant
le courage des forts, croire que l'on peut,
c'est pouvoir. Si tu meurs pour la patrie
sois fier, car nul n'est plus grand que toi.

L'homme n'a qu'un droit, celui de faire
son devoir.

Influx astral de Mars.

3.

Symbolisme hiéroglyphique.

UN homme pendu par un pied à une po-
tence soutenue par deux arbres dont
les douze branches sont coupées, ses mains
sont liées et laissent échapper des sicles
d'or, une des jambes est repliée sur l'autre.

Le pendu symbolise l'homme qui meurt
pour l'idée. Sa jambe repliée forme avec
l'autre un triangle renversé, ce qui veut
dire qu'il meurt victime des méchants.
Ses mains liées, laissant tomber des sicles
d'or signifient que les idées survivent à
celui qui se sacrifie pour elles et qu'elles
seront recueillies par d'autres, qui les feront
surgir au moment propice. Les douze branches coupées symbolisent les signes du

zodiaque qui renaissent sans cesse, dans
le cours des temps.

Sentences sacerdotales : Mourir pour sa
foi en pardonnant à ses ennemis, c'est renaître éternellement. Le sacrifice du corps
est l'apothéose de l'âme : qui ajoute une
page au progrès la signe de son sang.

Influx astral de la Lune.

Cycle de la Balance.

Symbolisme hiéroglyphique.

UN squelette armé d'une faux symbolise la mort fauchant les hommes, dont les têtes, les pieds et les mains renaissent sans cesse, à l'horizon se lève l'arc-en-ciel, cet arcane symbolise la fin fictive de l'homme qui renaît toujours dans ses fils, la nature ne reprenant que la matière organique. L'arc-en-ciel symbolise l'immortalité de l'âme.

SENTENCES SACERDOTALES : La mort n'est qu'un fantôme de l'ignorance et les yeux que l'on ferme en ce monde se rouvrent dans un autre ; l'âme, parcelle du souffle divin est immortelle. Le sage ne craint pas la mort, car mourir c'est savoir. Heureux ceux qui meurent jeunes car ils vont vite sur le chemin de la perfection.

LAME XIV   (N = 50)   LE SOLEIL

Symbolisme hiéroglyphique.

LE génie du soleil transvasant d'un vase d'or dans un vase d'argent les forces élémentaires de la nature, symbole du grand agent magique : le fluide électrique et magnétique combinés, image de la fécondation perpétuelle de la nature par la lumière et la chaleur qui sont le mouvement et la vie.

SENTENCES SACERDOTALES : L'Empire du monde est celui de la Lumière. Le Soleil est le mâle de la Nature et le principe de toute vie, il est l'image de la splendeur de Dieu. Ne sème pas de pierres précieuses devant les aveugles ils s'en blesseraient les pieds et ne les verraient pas.

Influx astral du Soleil.

Cycle du Scorpion.

Symbolisme hiéroglyphique.

L e génie du mal, de la fatalité et du chaos, il est représenté par un hippopotame à tête de crocodile, à pieds de bouc, ayant les mamelles d'une femme et le sexe d'un homme, un serpent lui sort du nombril, ce qui signifie qu'il n'enfante rien que de mauvais, ses ailes de chauve-souris indiquent qu'il est l'esprit des ténèbres. Il surgit du chaos et des ruines, d'une main il agite la torche de la destruction et tient de i'autre le sceptre de la division et de la haine, formé par un angle la pointe en bas séparé par un cercle, le reste de la figure symbolise la bestialité des passions. A ses pieds sont deux hommes à tête de boucs, symbolisant ceux que le vice enchaîne et fait tomber plus bas que la bête. La corne qu'il a sur le nez indique la révolte contre l'esprit Divin et menace le ciel, leur geste indique la vérité suprême jusque dans le mal que l'homme ne peut faire autant qu'il le veut.

SENTENCES SACERDOTALES : Servir le mal c'est servir la mort. Une volonté perverse est un commencement de suicide, la raison est le principe de l'ordre. L'ignorance et l'erreur n'enfantent que le désordre dans la nuit du chaos. Oriente ta vie si tu veux être maître de ta destinée, sinon la barque sacrée chavirera et tu seras la proie de la Dévorante.

Influx astral de Saturne.
Cycle du Sagittaire.

Symbolisme hiéroglyphique.

Une Pyramide dont le faîte s'écroule sous l'éclair de la foudre, deux hommes dont l'un couronné, sont précipités dans le vide. Cet arcane symbolise le conflit des forces mal dirigées et l'écroulement de l'orgueil humain et de la fausse science : c'est l'esprit foudroyé par le fluide astral.

Sentences Sacerdotales : La lumière est un feu sacré, mis par la nature au service de la volonté ; elle éclaire les âmes fortes et foudroie les autres. Prends garde à tes actes et à tes paroles. Ne fais et ne dis jamais rien qui ne soit approuvé de ta conscience.

Influx astral de Jupiter.
Cycle du Capricorne.

LAME XVII   (F P = 80)   L'ÉTOILE

Symbolisme hiéroglyphique.

UNE jeune fille nue, symbolisant ҩ
vérité, un pied sur la mer et l'autre
sur la terre, elle répand de deux coupes qui
symbolisent la Bonté et la Charité, le bau-
me qui soulage les maux humains. La mer
représente l'amertume des jours de tris-
tesse, au-dessus de cette jeune fille est une
étoile à huit pointes, double symbole de
l'Univers et de la triade Divine, au centre
de laquelle se trouve une pyramide blanche unie à une autre noire renversée et se
touchant par leurs bases. C'est là l'emblème de la grande loi occulte du magisme
qui est l'analogie. (*Ce qui est en haut est
comme ce qui est en bas*). Sept étoiles plus
petites représentent les sept types planè-

taires de l'homme, près d'elle, une fleur,
symbole de l'espérance, où s'abreuve un
phalène, image de l'adversité.

SENTENCES SACERDOTALES : L'homme qui
a découvert la vérité et veut opérer la justice brise tous les obstacles. Dépouille-
toi de tes vices et de tes erreurs, tu con-
naîtras la vraie science et la clé t'en sera
donnée. Ne brise jamais la fleur de l'espérance. La science des nombres est la
clé du mouvement de la vie qui est l'as-
pir et le respir. La pitié est ce qu'il y a de
plus divin dans l'humanité.

Influx astral de Mercure.

LAME XVIII   (Q = 100)   L'AMOUR

Symbolisme hiéroglyphique.

Sous un soleil radieux, un jeune homme
et une jeune fille se tiennent par la
main, dans un cercle de fleurs; cet arcane
symbolise l'Amour donnant le Bonheur,
le signe dans le Soleil est l'emblème de
la génération universelle.

SENTENCES SACERDOTALES: L'amour est ce
qui te rapproche le plus de Dieu, c'est le
soleil de l'âme et le grand arcane de la
vie, aime et donne la vie, mais respecte
la femme libre ou esclave et sache qu'avi-
lir la femme c'est prostituer ta mère. L'a-
mour est l'attraction de forces complémen-
taires en vue d'une création, il émane
directement du principe Divin, il est éter-

nel comme lui et doit survivre à la fin des
mondes pour en créer d'autres !

Influx astral de Jupiter.

Cycle des Poissons.

Symbolisme hiéroglyphique.

UN génie sonnant de la trompette au-dessus d'un sarcophage d'où sort une famille humaine ; ce qui symbolise le jugement des morts et le réveil des âmes endormies dans l'erreur ou l'inaction.

SENTENCES SACERDOTALES : Sache fils de la terre qu'après ta mort tes concitoyens jugeront ta vie d'après l'usage que tu auras fait de ta volonté ; écoute toujours le cri de ta conscience car c'est l'appel de Dieu. Pleurez sur les vivants et non sur les morts ; embaumez le corps des sages afin qu'ils restent longtemps comme exemples parmi vous.

Influx astral de Saturne.

Symbolisme hiéroglyphique.

UNE couronne de lotus ayant aux quatre angles, une tête : de lion, d'homme, d'aigle et de taureau, figurant les quatre vents de l'esprit, au milieu, le lingham primitif, arcane suprême de la génération universelle des trois mondes. L'absolu dans l'infini et la conjonction des sexes. La couronne symbolise la chaîne magique des êtres, des choses et des idées ; en bas, une jeune fille représente la religion jouant d'une harpe à trois cordes, image de la triple harmonie divine de l'homme (l'âme, l'esprit, le corps). C'est aussi le symbole de l'androgyne primordial que la Kabbale traduit par la formule latine : *Coagula et Solve.*

Sentences sacerdotales : Dieu est le principe unique et l'ensemble harmonique des forces cachées de la nature. Les clés du mystère divin de la science du Bien et du Mal appartiennent au sage qui a su les regarder toujours, sans les convoiter jamais. Souviens-toi que la Droite est à l'homme, mais que la Courbe est à Dieu, qui né de Dieu, rentre en Dieu.

Influx astral du Soleil.

Symbolisme hiéroglyphique.

UN homme aveugle portant une besace, un bâton à la main, s'avance vers un obélisque brisé, derrière lequel attend, la gueule ouverte, un crocodile ; cet arcane est le symbole de l'Athée qui ne voit pas la lumière divine, il porte le poids de ses erreurs et de ses fautes, le bâton ne peut lui servir à se guider et il va au néant figuré par le crocodile, l'obélisque brisé représente la ruine de ses œuvres. *La figure astronomique de l'Eclipse, symbolise le Doute effaçant la Foi.*

SENTENCES SACERDOTALES : Le ciel étoilé est le livre de la vie universelle ; qui refuse d'y lire, s'aveugle soi-même. L'Athée crée la fatalité qui devient son châtiment. Si tu ne crois à rien, tu n'es qu'un mort vivant.

U

Symbolisme hiéroglyphique.

D<small>EUX</small> pyramides s'élèvent au bord d'un chemin, devant elles deux chiens qui hurlent à la lune, en bas rampe un Scorpion, une des pyramides est blanche et l'autre noire, ce qui symbolise la vraie et la fausse science.

La lune est l'image de la conscience qui doit éclairer l'homme dans le doute, les deux chiens sont le Bien et le Mal et le scorpion est l'emblème de la Perversité, le grand mystère du vice.

S<small>ENTENCES</small> S<small>ACERDOTALES</small> : La vie est remplie d'embûches que tu dois combattre ou éviter, mais sache que ne point agir c'est presque faire le mal. L'inertie est la lâcheté

de l'âme. Une grande douleur soufferte
est un progrès accompli.

Influx astral de Vénus.

Cycle du Verseau.

CONCLUSION

La sorcière est morte,
mais la fée renaîtra.
MICHELET

En résumé, la doctrine des Mages émise par les sentences que l'on vient de lire et qui sont malheusement incomplètes, se réduit à l'éducation de la volonté humaine et sa mise en action sur les forces cachées de la nature. C'est de nos jours une science officiellement délaissée (1) où les anciens étaient passés maîtres et qui leur valut cette supériorité intellectuelle et morale que nous admirons encore et que notre civilisation moderne prend souvent pour exemple et tâche d'imiter. Mais comme depuis bien des siècles les générations qui se sont succédé ont perdu l'entrainement nécessaire, nous n'y parvenons plus qu'exceptionnellement et lorsque la nature de notre individu nous y prédispose particulièrement; tels sont en France le zouave Jacob et en Russie le pope Jean qui obtien-

1. Malgré le mouvement de réaction esthétique entrepris récemment par le Sar Peladan.

4

nent des résultats extraordinaires par la mise en action absolue de leur volonté. La foi qui est en somme l'exaltation de la volonté par la croyance produit les mêmes résultats et les miracles de Lourdes n'ont pas d'autre cause (1).

Le Tarot considéré comme instrument divinatoire est, selon moi, une sorte de clavier occulte dont les touches seraient les lames hermétiques correspondant à chacune des facultés psychiques, en même temps qu'un suggestif puissant permettant à la volonté de s'extérioriser et de créer un accord magique entre le consultant et le devin, accord plus ou moins parfait selon le degré d'acuité sensitive que possède celui qui s'en sert et qui lui permet alors de conjecturer les évènements à venir qui logiquement doivent se rapporter au consultant, puisqu'il y a avec lui un courant psycho-magnétique établi par les concordances des lames du Tarot qui joue en ce cas le rôle d'un accumulateur électro-mental. Quelque confuse et imparfaite que paraisse cette explication, elle m'a été pleinement confirmée par Madame de Thèbes, ma distinguée collègue en Art divinatoire, dont la pratique savante fait autorité de nos jours (2).

1. Feu l'abbé Fortin en cherchant à établir la concordance des taches solaires avec les perturbations atmosphériques pour la prévision du temps, a fait de l'astrologie, sans le savoir.

2. Le phénomène psychique qui se passe dans l'interprétation du Tarot n'est pas plus extraordinaire que ceux de la

Au point de vue purement psychologique le Tarot renferme, à mon avis, un dogme puissant qui enseigne à l'homme à se servir intelligemment des forces occultes de la nature dont il devient par cela même le maître relatif et dont il peut alors tirer la quintessence du bien-être qui lui est nécessaire. Peut-être serait-il bon dans ce siècle de progrès de remettre en pratique cette philosophie d'Hermès qui est bien en effet le reflet de la sagesse divine et le grand livre de la loi naturelle. Surtout si nous ne voulons pas que cette fin de siècle ne soit une fin de race.

Pour ceux qui édifient l'avenir d'après le passé il n'y a aucun doute à avoir ; le vingtième siècle appartiendra aux hommes d'action. L'éducation de la volonté individuelle doit être la préocupation constante d'un peuple qui veut marcher en avant; une des causes de nos désastres en 1870 doit être certainement attribuée à la volonté active individuelle des officiers allemands contre la volonté inerte ou passive des officiers français qui se sont contentés d'être des héros, mais l'héroïsme ne donne pas toujours la victoire, ce n'est que la revanche des vaincus. Le peuple américain qui est par excellence un éducateur de la volonté a dépassé tous ceux de la vieille Europe en peu de temps car il a relégué au second

Suggestion à distance et de la Télépathie et le Colonel de Rochas et le Dr Baraduc obtiennent dans leurs expériences des résultats bien autrement surprenants.

plan l'esprit d'imagination pour donner le pas à l'esprit d'initiative (1); en alliant ces deux principes inhérents aux races latines nous resterons le premier peuple du monde et cette œuvre réformatrice est celle de l'instituteur, laïque ou congréganiste, car j'estime que la volonté de l'homme d'action servie par une saine intelligence le rend maître de sa destinée et je pense que la science et la religion, séparée quant à la forme, sont d'accord sur le fond et vont également à Dieu par des chemins différents.

Quant à ceux qui voient dans les manifestations de l'inconnu l'intervention de Satan ce sont des myopes qui ne regardent pas d'assez près, ni assez longtemps, donc, spiritualistes, continuons à sonder le grand mystère de l'invisible, nous sommes les enfants perdus de la Science et les volontaires du Progrès. Nous cherchons dans la Nuit ce que d'autres trouveront un jour au grand Soleil, le passé nous est un sûr garant de l'avenir, la Chimie (2), cette reine des

1. C'est aux États-Unis que les sciences psychiques sont actuellement le plus développées.

2. La transmutation des métaux précieux si prônée par les Alchimistes n'est plus qu'une question de temps pour les Chimistes modernes, et dans un autre ordre d'idée le récit Biblique de l'Arche de Noë est postérieur à la métamorphose de Wichorou en poisson pour sauver du Déluge, les Livres sacrés, la vision de l'Echelle dite de Jacob est une vieille légende Arrya, que l'on trouve dans les *Upanishads,* le *Cantique des Cantiques* et la *Sagesse,* ont aussi une grande analogie avec le *Kama-Sou'ra* et le *Ramahyanna,* et le Boudha est né, comme le Christ, d'une Vierge immaculée.

sciences modernes n'est-elle pas née de l'alchimie, cette recluse du Moyen Age et l'Astrologie ancienne n'a-t-elle pas enfanté l'Astronomie actuelle ; nous épelons aujourd'hui le grimoire de l'intangible que nos fils liront demain. Nous sommes les pénitents ils seront les Elus. Certes la tâche est belle et nous est plus facile qu'à nos aînés, car n'oublions pas que c'est aux bûchers de l'Inquisition que s'est rallumé le flambeau de la haute science, qui a eu ses martyrs et qui aura son triomphe !

Les Hiéroglyphes

DU

TAROT DIVINATOIRE

L'Eau bénite a remplacé l'Eau
lustrale et l'humanité n'en n'est
pas plus propre.

A. DUMAS.

Nota. — Les vingt-deux figures qui suivent sont disposées d'après la méthode orientale pour être lues de droite à gauche, c'est-à-dire en commençant par la fin du livre.

NOTICE

J'ai reconstitué ces 22 lames d'après les monuments découverts par Mariette-Bey, Champollion, Hereen, Maspero, etc., les caractères cunéiformes Assyro-Chaldéens (musées du Louvre, de Boulogne-sur-Mer, du British-Museum de Londres, du Hof-muséen de Vienne) et d'après les textes de papyrus anciens. J'ai fait également des observations comparatives astrologiques et astronomiques à l'aide d'un puissant télescope construit par Secrétan et installé dans ma propriété du Parc de Neuilly, qui m'ont convaincu que l'Astro-magie est bien la métaphysique de l'univers basée sur le magnétisme cosmique, science que le christianisme lui-même ne peut renier, car ce fut une étoile qui conduisit les Mages de Chaldée jusqu'à la crèche de Bethléem.

L'alphabet égyptien étant très compliqué et comprenant plusieurs signes pour une seule de nos lettres, suivant que l'on s'en servait pour les différentes articulations des sons (homophones, polyphones) ou pour caractériser le sens des phrases (déterminatif ou générique). Ces signes variant selon l'écriture démotique, hiératique ou idéographique, je les ai remplacés.

pour que le lecteur puisse plus commodément
reporter chaque hiéroglyphe à son explication, par
les 22 lettres de l'alphabet magique, ce livre n'ayant
pas la prétention d'être un ouvrage de pure égyp-
tologie, d'ailleurs on trouvera dans les détails de
plusieurs lames quelques uns des signes exacts de
l'alphabet des Egyptiens qui se composait de 22
triples figures classiques et de 132 multiples compo-
santes ; il est bon de remarquer aussi que malgré le
symbolisme polythéiste des hiéroglyphes du Tarot,
les Mages de l'ancienne Thèbes n'adoraient qu'un
Dieu unique : Amon ; plus tard les Pharaons jaloux
de la puissance sacerdotale y opposèrent le culte
d'Aton (le disque solaire) et celui d'Harmakhouti (le
soleil dans les deux horizons) mais les Mages retrou-
vèrent leur suprématie et l'ancien culte prévalut enfin
sous le nom de religion de RA ou plutôt d'Amon-RA
(âme du soleil (1) dont les principaux sanctuaires
furent à Thèbes, Memphis et Héliopolis.

1. On retrouve de nos jours le symbolisme du Culte du
Soleil, dans la forme de l'Ostensoir catholique.

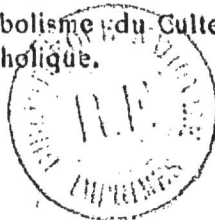

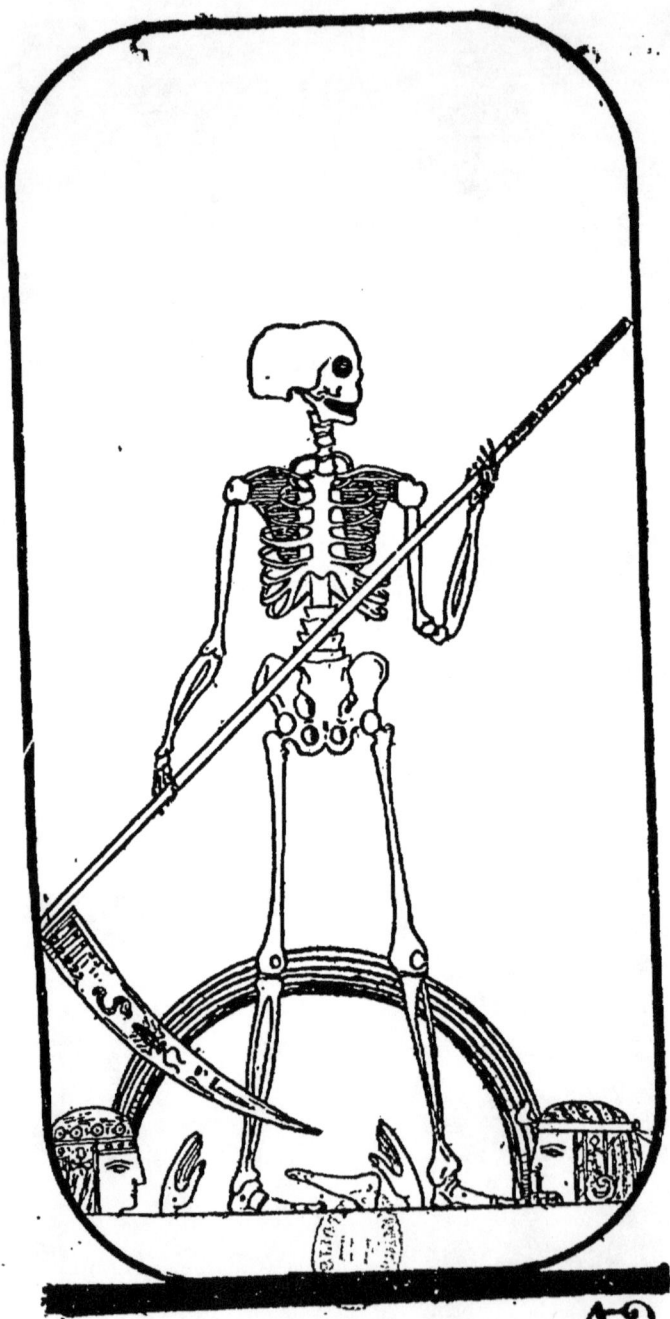

Z. &

Л.

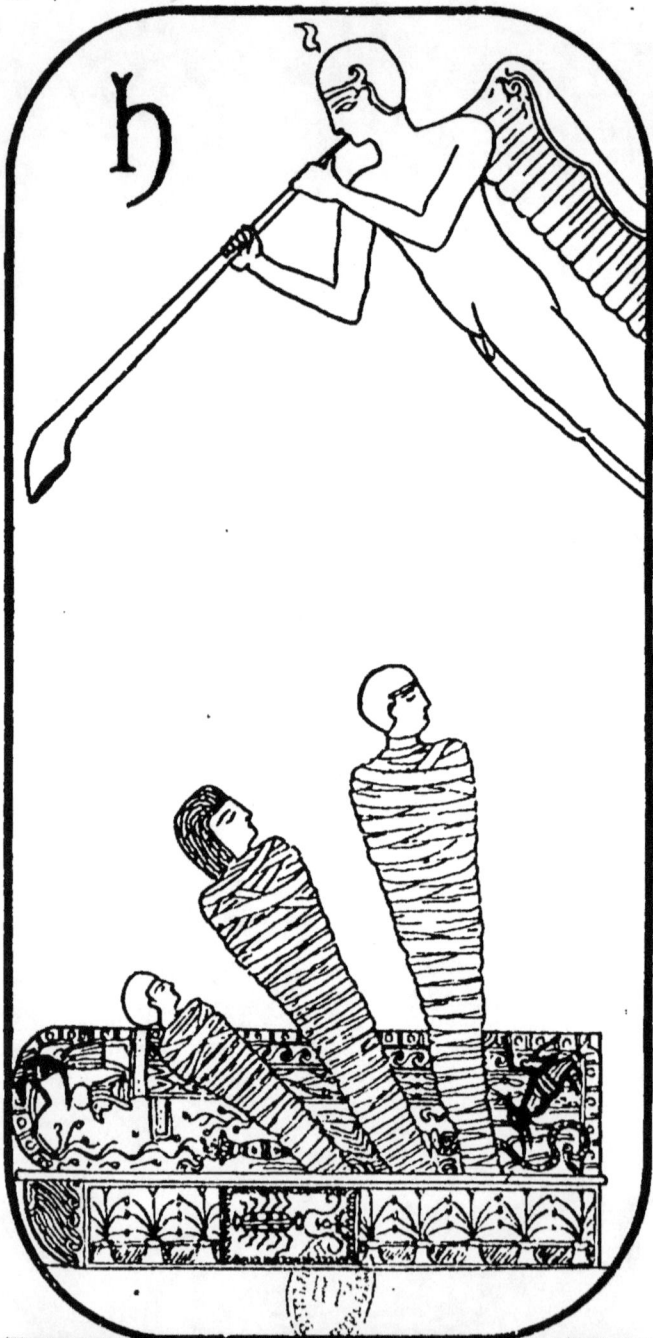

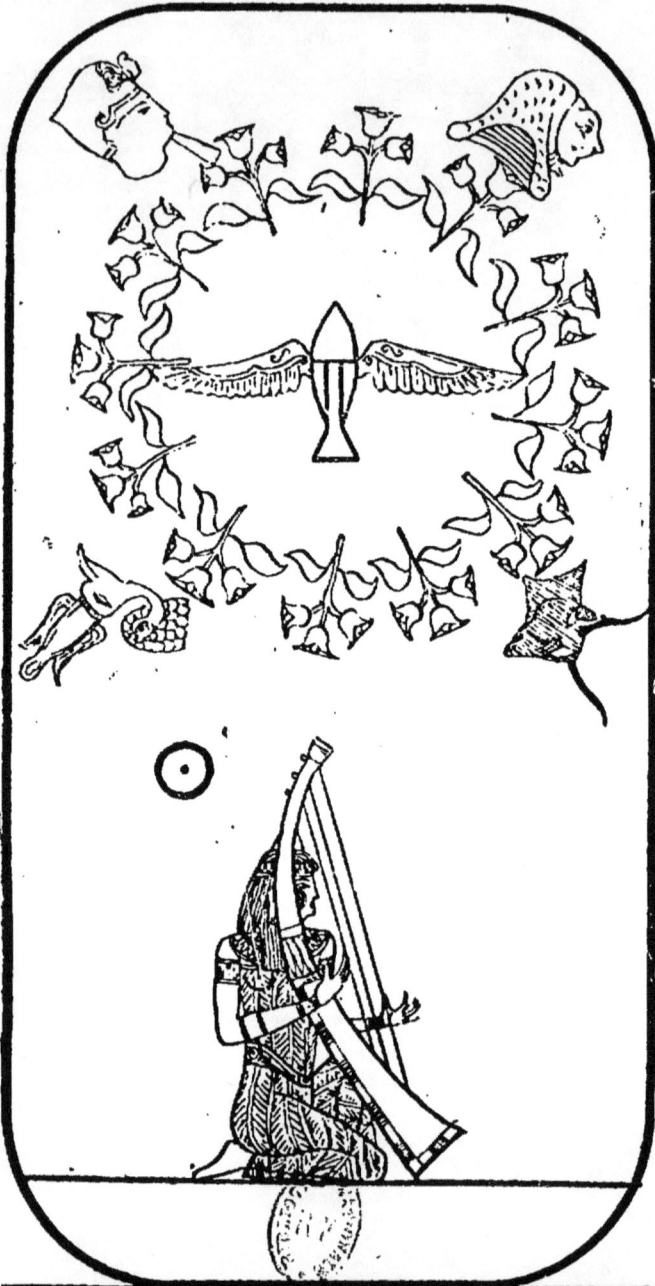

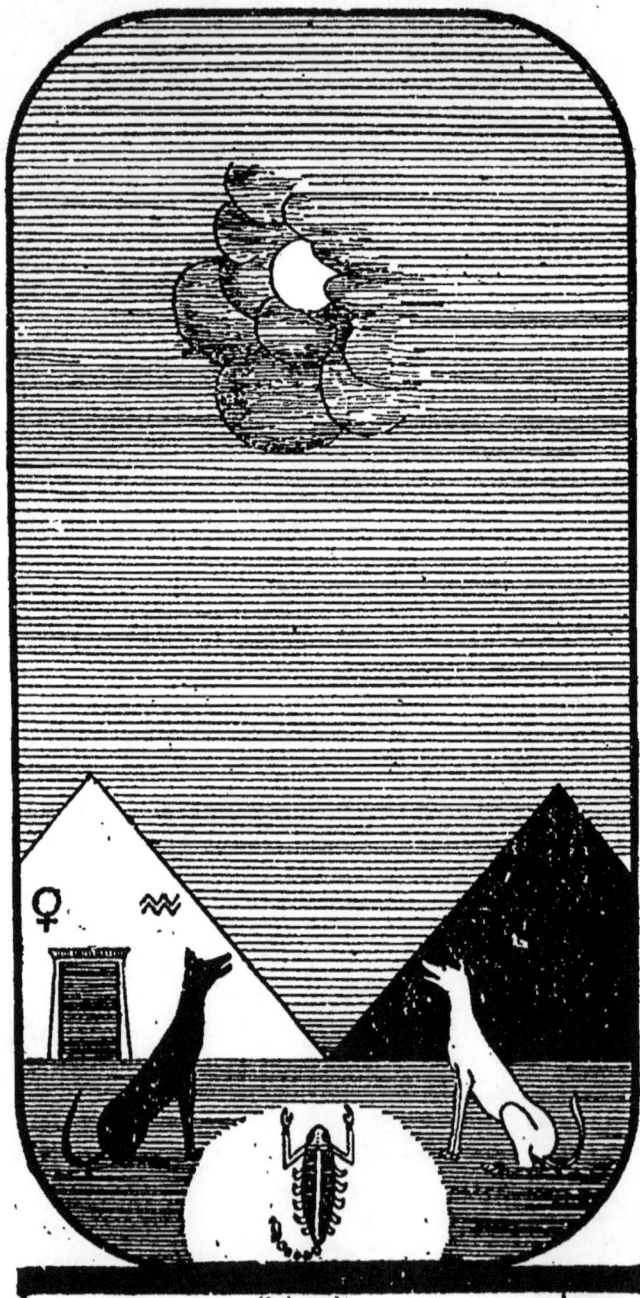

TROIS ORACLES RENDUS

PAR LE

Tarot Divinatoire

La science doit être utile aux hommes.
SOPHOCLE

I

Le siècle qui va mourir verra naître un monde nouveau dont les langes seront tachés de sang.

II

Le Cygne ayant couvé tous ses œufs, planera au Ciel de l'avenir et son vol dépassera celui de l'Aigle et son chant couvrira celui du Coq.

III

C'est de l'Orient qu'un jour reviendra la lumière et les Jaunes vengeront les Noirs.

Nota. — La réalisation de ces pronostics peut se modifier selon la volonté des hommes d'Etats, en vertu de l'axiome magique : *Astra inclinant, non dominant et voluntati fatum cedat.*

Mayenne, Imp. de l'Ouest, E. Soudée

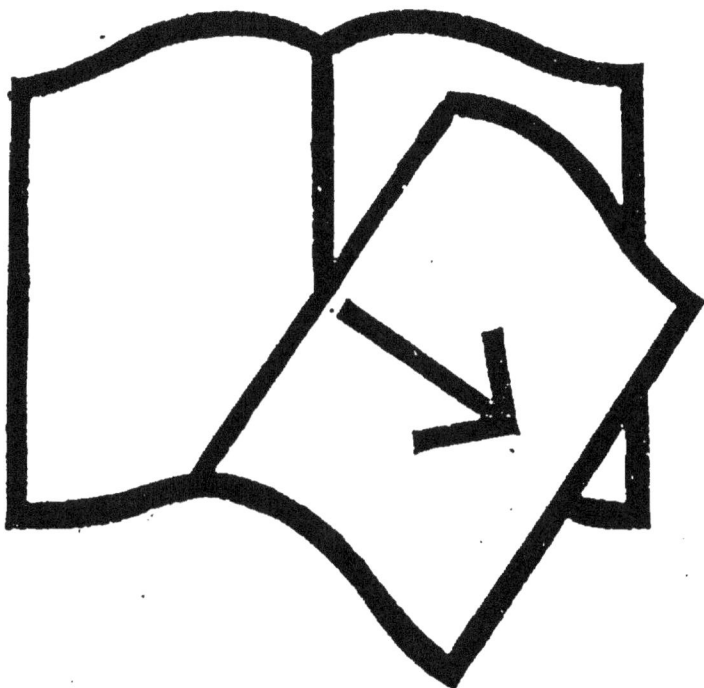

Documents manquants (pages, cahiers...)

NF Z 43-120-13

www.ingramcontent.com/pod-product-compliance
Lightning Source LLC
Chambersburg PA
CBHW052121090426
42741CB00009B/1903